AF208646

Hexenkalender
Light-Edition

2025

Stefanie ⚹ Gralewski

Hinweis

Sämtliche Anregungen und Anleitungen in diesem Buch entstammen dem volkstümlichen Brauchtum und dessen Interpretation der Autorin. Auch wenn die Angaben mit größter Sorgfalt zusammengetragen wurden, kann die Autorin keine Haftung für die Richtigkeit oder das Gelingen von Ritualen oder Rezepten übernehmen. Der Leser handelt stets in eigener Verantwortung. Dieses Buch oder Handlungsanregungen darin ersetzen weder den Gang zum Arzt oder Heilpraktiker noch die Konsultation eines Rechtsanwaltes.

Fotos: Benjamin Nimtz / Maria Lessing
Umschlaggestaltung: Nicole Altenhoff
Illustrationen: Nelly Polychronidis
Satz: Maria Lessing
Astrologische Daten: Timo Wagenbach (www.astrologie-wagenbach.de)

Bibliografische Information der Deutschen Nationalbibliothek: Die Deutsche Nationalbibliothek verzeichnet die Publikation in der Deutschen Nationalbibliografie, detaillierte bibliografische Daten sind im Internet unter http://denb.denb.de abrufbar.

© 2024 Stefanie Gralewski

Verlag: BoD • Books on Demand GmbH, In de Tarpen 42, 22848 Norderstedt
Druck: Libri Plureos GmbH, Friedensallee 273, 22763 Hamburg
ISBN: 978-3-7597-4965-9

"Schönheit beginnt in dem Moment, in dem Du beschließt, Du selbst zu sein."

Coco Chanel

Stefanie ᛉ Gralewski

RUNEN • LEBENSBERATUNG • RITUALE

Vorwort

"Schönheit beginnt in dem Moment, in dem Du beschließt, Du selbst zu sein." Mit diesem Zitat der französischen Modeikone Coco Chanel lade ich Dich ein, Dein inneres und äußeres Selbst (neu) zu entdecken.

Das Jahr der Venus verspricht Genuss, Ästhetik und Liebe - zuallererst einmal zu sich selbst.

Gerade in der heutigen Zeit, wo Retusche, Filter und Bildbearbeitung das eigene Selbst fast bis zur Unkenntlichkeit verändern, scheint es mir noch wichtiger, herauszufinden, wie das eigene Selbst eigentlich ist. Vielleicht machst Du dann auch gleich den nächsten Schritt und lernst dieses Selbst lieben. Dir muss nicht alles gefallen, was Du im Spiegel siehst. Und dennoch darfst Du das, was Du dort erblickst, liebevoll und dankbar annehmen.

Genauso ist es auch im Leben: Selbst, wenn die Umstände (noch) nicht so sind, wie Du es Dir wünschen magst, so hast Du dennoch selbst in der Hand, wie Du damit umgehen magst. Wenn Du beschließt, die Welt um Dich herum mit wachen Sinnen anzunehmen, entdeckst Du die Schönheit und das Glück in Deinem Leben - mögen die Umstände sein, wie sie wollen.

Herzlichst,
Stefanie Gralewski

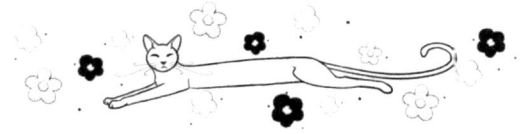

Gesetzliche Feiertage im Jahr 2025

(Stand 11.03.2024)

Tag	Datum	Namen	Bundesland
MI	01.01.	Neujahrstag	Bundesweit
MO	06.01.	Heilige Drei Könige	BW, BY, ST
SA	08.03.	Internat. Frauentag	BE, MV
FR	18.04.	Karfreitag	Bundesweit
SO	20.04.	Ostersonntag	BB
MO	21.04.	Ostermontag	Bundesweit
DO	01.05.	Tag der Arbeit	Bundesweit
DO	29.05.	Christi Himmelfahrt	Bundesweit
SO	08.06.	Pfingstsonntag	BB
MO	09.06.	Pfingstmontag	Bundesweit
DO	19.06.	Fronleichnam	BW, BY, HE, NW, RP, SL
FR	15.08.	Mariä Himmelfahrt	BY, SL
SA	20.09.	Weltkindertag	TH
FR	03.10.	Tag der Deutschen Einheit	Bundesweit
FR	31.10.	Reformationstag	BB, HB, HH, MV, NI, SN, ST, SH, TH
SA	01.11.	Allerheiligen	BW, BY, NW, RP, SL
MI	19.11.	Buß- und Bettag	SN
DO	25.12.	1. Weihnachtstag	Bundesweit
FR	26.12.	2. Weihnachtstag	Bundesweit

Liste der verwendeten Abkürzungen

BB	- Brandenburg	NW	- Nordrhein-Westfalen
BE	- Berlin	RP	- Rheinland-Pfalz
BW	- Baden-Württemberg	SH	- Schleswig-Holstein
BY	- Bayern	SL	- Saarland
HB	- Bremen	SN	- Sachsen
HE	- Hessen	ST	- Sachsen-Anhalt
HH	- Hamburg	TH	- Thüringen
MV	- Mecklenburg-Vorpommern	TE	- Tagesenergie
NI	- Niedersachsen		

Kalenderübersicht 2025

Januar

	Mo	Di	Mi	Do	Fr	Sa	So
1			1	2	3	4	5
2	6	7	8	9	10	11	12
3	13	14	15	16	17	18	19
4	20	21	22	23	24	25	26
5	27	28	29	30	31		

Februar

	Mo	Di	Mi	Do	Fr	Sa	So
5						1	2
6	3	4	5	6	7	8	9
7	10	11	12	13	14	15	16
8	17	18	19	20	21	22	23
9	24	25	26	27	28		

März

	Mo	Di	Mi	Do	Fr	Sa	So
9						1	2
10	3	4	5	6	7	8	9
11	10	11	12	13	14	15	16
12	17	18	19	20	21	22	23
13	24	25	26	27	28	29	30
14	31						

April

	Mo	Di	Mi	Do	Fr	Sa	So
14		1	2	3	4	5	6
15	7	8	9	10	11	12	13
16	14	15	16	17	18	19	20
17	21	22	23	24	25	26	27
18	28	29	30				

Mai

	Mo	Di	Mi	Do	Fr	Sa	So
18				1	2	3	4
19	5	6	7	8	9	10	11
20	12	13	14	15	16	17	18
21	19	20	21	22	23	24	25
22	26	27	28	29	30	31	

Juni

	Mo	Di	Mi	Do	Fr	Sa	So
22							1
23	2	3	4	5	6	7	8
24	9	10	11	12	13	14	15
25	16	17	18	19	20	21	22
26	23	24	25	26	27	28	29
27	30						

Juli

	Mo	Di	Mi	Do	Fr	Sa	So
27		1	2	3	4	5	6
28	7	8	9	10	11	12	13
29	14	15	16	17	18	19	20
30	21	22	23	24	25	26	27
31	28	29	30	31			

August

	Mo	Di	Mi	Do	Fr	Sa	So
31					1	2	3
32	4	5	6	7	8	9	10
33	11	12	13	14	15	16	17
34	18	19	20	21	22	23	24
35	25	26	27	28	29	30	31

September

	Mo	Di	Mi	Do	Fr	Sa	So
36	1	2	3	4	5	6	7
37	8	9	10	11	12	13	14
38	15	16	17	18	19	20	21
39	22	23	24	25	26	27	28
40	29	30					

Oktober

	Mo	Di	Mi	Do	Fr	Sa	So
40			1	2	3	4	5
41	6	7	8	9	10	11	12
42	13	14	15	16	17	18	19
43	20	21	22	23	24	25	26
44	27	28	29	30	31		

November

	Mo	Di	Mi	Do	Fr	Sa	So
44						1	2
45	3	4	5	6	7	8	9
46	10	11	12	13	14	15	16
47	17	18	19	20	21	22	23
48	24	25	26	27	28	29	30

Dezember

	Mo	Di	Mi	Do	Fr	Sa	So
49	1	2	3	4	5	6	7
50	8	9	10	11	12	13	14
51	15	16	17	18	19	20	21
52	22	23	24	25	26	27	28
1	29	30	31				

Montag **30** Dezember TE: Mond ☽ (Intuition/Frau)	KW 1
Dienstag **31** Dezember 2024 TE: Mars ♂ (Mut/Stärke)	
Mittwoch **01** Januar 2025 TE: Merkur ☿ (Dialog/Handel)	**Neujahrstag**
Donnerstag **02** Januar TE: Jupiter ♃ (Geld/Job)	

Freitag
03
Januar

TE: Venus ♀
(Liebe/Beauty)

Samstag
04
Januar

TE: Saturn ♄
(Lösung/Ende)

Sonntag
05
Januar

TE: Sonne ☉
(Mann/Energie)

Silvester am 31. Dezember

Für eine zauberhafte Silvester-Motivationskerze benötigst Du eine Stumpenkerze. Beschrifte sie am Silvesterabend liebevoll mit Deinen Vorsätzen, Deinem Namen und der Jahreszahl des kommenden Jahres. Stelle die Kerze in der Silvesternacht behutsam auf das Fensterbrett, damit sie sich mit den reinen Energien des Neuanfangs aufladen kann. Wenn Du im Laufe des Jahres spürst, dass Du Dich von Deinen Vorsätzen entfernst, zünde die Kerze für 30 Minuten an und lasse Dich von ihrer magischen Flamme neu inspirieren. Die leuchtende Flamme wird Dich leiten und Dir helfen, Deinen Weg zu Deinen Zielen und Träumen wiederzufinden. Mit jedem Flackern erneuerst Du Deine Entschlossenheit und stärkst die Verbindung zu Deinen innersten Wünschen.

Montag **06** Januar TE: Mond ☽ (Intuition/Frau)	KW 2 **Heilige Drei Könige** (BW, BY, ST)
Dienstag **07** Januar TE: Mars ♂ (Mut/Stärke)	
Mittwoch **08** Januar TE: Merkur ☿ (Dialog/Handel)	
Donnerstag **09** Januar TE: Jupiter ♃ (Geld/Job)	

	Freitag
	10
	Januar
	TE: Venus ♀ (Liebe/Beauty)

	Samstag
	11
	Januar
	TE: Saturn ♄ (Lösung/Ende)

	Sonntag
	12
	Januar
	TE: Sonne ☉ (Mann/Energie)

Tag des Heiligen Thomas am 11. Januar

Thomas von Aquin war ein bedeutender Theologe und Philosoph des Mittelalters und hinterließ ein reiches Erbe an Schriften, die das Denken und die Spiritualität seiner Zeit prägten. Seine Lehren über Vernunft und Glauben, sowie auch seine tiefe Hingabe zur Suche nach Wahrheit und Weisheit inspirieren bis heute zahlreiche Menschen auf ihrem spirituellen Weg. Nimm Dir intuitiv ein Buch und schau, welche Botschaft die geistige Welt heute für Dich hat. Schlage dazu die Seite Deines Geburtsjahres auf (z. B. Seite 78, wenn Du 1978 geboren bist) und zähle die Zeilen Deines Geburtsmonats ab. Z. B. Zeile 10, wenn Du im Oktober geboren bist. Was dort steht, darf Dir als Orakel dienen.

Montag **13** Januar **Vollmond** Krebs (23:26 Uhr) TE: Mond ☽ (Intuition/Frau)	KW 3
Dienstag **14** Januar TE: Mars ♂ (Mut/Stärke)	
Mittwoch **15** Januar TE: Merkur ☿ (Dialog/Handel)	
Donnerstag **16** Januar TE: Jupiter ♃ (Geld/Job)	

	Freitag
	17
	Januar
	TE: Venus ♀ (Liebe/Beauty)

	Samstag
	18
	Januar
	TE: Saturn ♄ (Lösung/Ende)

Sonne → Wassermann (21:00 Uhr)	Sonntag
	19
	Januar
	TE: Sonne ☉ (Mann/Energie)

Tag des hinduistischen Gottes Ganesha am 16. Januar

Nahezu jeder morgendliche Hindu-Gottesdienst beginnt mit einem Gebet an ihn. Du kannst morgens auch selbst eine Kerze anzünden und dazu ein Gebet an Ganesha sprechen, um Dich mit guten Energien aufzufüllen und in den Tag zu starten.

„Oh anbetungswürdiger Gott voll Barmherzigkeit und Liebe. Allgegenwärtig bist Du, allmächtig, allwissend. Im Innern aller Wesen wohnst Du. Gib uns ein verstehendes Herz, die rechte Einsicht, ein ausgeglichenes Gemüt, Vertrauen, Hingebung und Weisheit für den Tag."

Montag **20** Januar TE: Mond ☽ (Intuition/Frau)	KW 4
Dienstag **21** Januar TE: Mars ♂ (Mut/Stärke)	
Mittwoch **22** Januar TE: Merkur ☿ (Dialog/Handel)	
Donnerstag **23** Januar TE: Jupiter ♃ (Geld/Job)	

	Freitag **24** Januar TE: Venus ♀ (Liebe/Beauty)
	Samstag **25** Januar TE: Saturn ♄ (Lösung/Ende)
	Sonntag **26** Januar TE: Sonne ☉ (Mann/Energie)

Tag der griechischen Musen am 22. Januar

Sie sind die griechischen Göttinnen der Künste. Die Musen (Klio – die Rühmende, Melpomene – die Singende, Terpsichore – die fröhlich im Reigen Tanzende, Thalia – die Blühende, Euterpe – die Erfreuende, Erato – die Liebevolle, Urania – die Himmlische, Polyhymnia – die Liederreiche und Kalliope – die mit der schönen Stimme) können vor allem dann angerufen werden, wenn Kreativität, Einfälle und Ideen fehlen.

Zünde eine orangefarbene Kerze an und singe, tanze, musiziere, um die Musen gnädig zu stimmen. Hier geht es nicht um Perfektion, sondern um Hingabe.

Montag **27** Januar	KW 5
TE: Mond ☽ (Intuition/Frau)	
Dienstag **28** Januar	
TE: Mars ♂ (Mut/Stärke)	
Mittwoch **29** Januar **Neumond** Wassermann (13:35 Uhr) TE: Merkur ☿ (Dialog/Handel)	
Donnerstag **30** Januar	
TE: Jupiter ♃ (Geld/Job)	

	Freitag **31** Januar
	TE: Venus ♀ (Liebe/Beauty)
	Samstag **01** Februar
	TE: Saturn ♄ (Lösung/Ende)
	Sonntag **02** Februar
	TE: Sonne ☉ (Mann/Energie)

Hexenfest Imbolc am 2. Februar

Imbolc bedeutet so viel wie Reinwaschung und deutet damit auf die vielen Reinigungsrituale hin, die sich z.B. im christlichen Lichtmess-Fest noch bis heute erhalten haben. Traditionell wird zu dieser Zeit der Besitz durch Räucherungen energetisch gereinigt. Dies kann z.B. mittels Räucherstäbchen oder -bündel geschehen oder aber auch durch eine Räuchermischung. Rosmarin, Salbei, Wacholderbeeren eignen sich sehr gut. Gib ein wenig Muskatnuss dazu, wenn Du Deine Neujahrsvorsätze schon ein kleines bisschen vergessen hast. Muskatnuss steigert nämlich die Selbstbeherrschung.

Montag **03** Februar TE: Mond ☽ (Intuition/Frau)	KW 6
Dienstag **04** Februar TE: Mars ♂ (Mut/Stärke)	
Mittwoch **05** Februar TE: Merkur ☿ (Dialog/Handel)	
Donnerstag **06** Februar TE: Jupiter ♃ (Geld/Job)	

	Freitag
	07
	Februar
	TE: Venus ♀
	(Liebe/Beauty)

	Samstag
	08
	Februar
	TE: Saturn ♄
	(Lösung/Ende)

	Sonntag
	09
	Februar
	TE: Sonne ☉
	(Mann/Energie)

Tag des grekoromanischen Gottes Apollo am 9. Februar

Er ist unter anderem der Gott des Lichtes und der Weissagung. Die bedeutendste Orakelstätte der antiken Welt – das Orakel von Delphi – war ihm geweiht.

Heute ist ein fantastischer Tag für ein Kerzenorakel. Du benötigst dafür eine kleine Stabkerze (z. B. eine Weihnachtsbaumkerze oder eine Kirchenkerze) – ausnahmsweise muss diese nicht durchgefärbt sein. Dazu brauchst Du eine kleine Schale mit Wasser. Entzünde die Kerze und konzentriere Dich auf Deine Frage. Schau in die Flamme und bitte um Antworten. Wenn Du das Gefühl hast, der richtige Augenblick für eine Antwort ist gekommen, gieße das flüssige Wachs in das Wasser. Aus der entstandenen Wachsform kann die Antwort entschlüsselt werden.

Montag **10** Februar TE: Mond ☽ (Intuition/Frau)	KW 7
Dienstag **11** Februar TE: Mars ♂ (Mut/Stärke)	
Mittwoch **12** Februar **Vollmond** Löwe (14:53 Uhr) TE: Merkur ☿ (Dialog/Handel)	
Donnerstag **13** Februar TE: Jupiter ♃ (Geld/Job)	

	Freitag **14** Februar TE: Venus ♀ (Liebe/Beauty)
	Samstag **15** Februar TE: Saturn ♄ (Lösung/Ende)
	Sonntag **16** Februar TE: Sonne ☉ (Mann/Energie)

Tag des Heiligen Valentin am 14. Februar

Der römische Priester Valentin verheiratete trotz Verbotes im 3. Jahrhundert Liebespaare nach christlichem Ritus und wurde dafür zum Tode verurteilt. Die Legende erzählt, Valentin habe den Paaren im Anschluss Blumen aus seinem Garten geschenkt (vermutlich Löwenmäulchen). Das sollte Glück und Liebe bringen.

Löwenmäulchensamen können schon heute in die Erde gesät werden (sofern der Boden nicht gefroren ist). Sie bringen auch Dir dann Glück und Freude in der Liebe. Die Blüten kannst Du ebenfalls in entsprechenden Ritualen verwenden.

Montag **17** Februar	KW 8
TE: Mond ☽ (Intuition/Frau)	
Dienstag **18** Februar	Sonne → Fische (11:06 Uhr)
TE: Mars ♂ (Mut/Stärke)	
Mittwoch **19** Februar	
TE: Merkur ☿ (Dialog/Handel)	
Donnerstag **20** Februar	
TE: Jupiter ♃ (Geld/Job)	

	Freitag **21** Februar TE: Venus ♀ (Liebe/Beauty)
	Samstag **22** Februar TE: Saturn ♄ (Lösung/Ende)
	Sonntag **23** Februar TE: Sonne ☉ (Mann/Energie)

Tag des römischen Gottes Quirinus am 17. Februar

Der Gott Quirinus ist eine bedeutende Gestalt aus der römischen Mythologie, dessen Rituale im antiken Rom weit verbreitet war. Er wurde oft als Kriegsgott verehrt, der die Stadt Rom und ihre Bürger beschützte. In der Magie kann Quirinus als Schutzpatron für Mut, Sicherheit und Durchsetzung angerufen werden. Beschrifte eine rote Kerze dazu mit Deinem Anliegen und lass sie komplett abbrennen.

Montag **24** Februar TE: Mond ☽ (Intuition/Frau)	KW 9
Dienstag **25** Februar TE: Mars ♂ (Mut/Stärke)	
Mittwoch **26** Februar TE: Merkur ☿ (Dialog/Handel)	
Donnerstag **27** Februar TE: Jupiter ♃ (Geld/Job)	

	Freitag
	28
	Februar
	Neumond
	Fische
	(01:44 Uhr)
	TE: Venus ♀
	(Liebe/Beauty)

	Samstag
	01
	März
	TE: Saturn ♄
	(Lösung/Ende)

	Sonntag
	02
	März
	TE: Sonne ☉
	(Mann/Energie)

Tag der maltesischen „schlafenden Göttin" am 28. Februar

Sie gehört zu den jungsteinzeitlichen Göttinnen Maltas und symbolisiert die personifizierte Mutter Erde, die vor allem die Frauen unterstützt und sie segnet.

Gestresste, ausgelaugte und erschöpfte Mütter können sich an die Göttin wenden, denn sie schenkt Ruhe, Gelassenheit und erfrischenden Schlaf. Außerdem stärkt sie die mütterliche Intuition, das Urvertrauen in die eigenen Fähigkeiten und Kräfte.

Trag auch einen Calcit bei Dir, denn er löst Anspannungen und Stress.

	KW 10
Montag **03** März TE: Mond ☽ (Intuition/Frau)	
Dienstag **04** März TE: Mars ♂ (Mut/Stärke)	
Mittwoch **05** März TE: Merkur ☿ (Dialog/Handel)	
Donnerstag **06** März TE: Jupiter ♃ (Geld/Job)	

	Freitag
	07
	März
	TE: Venus ♀ (Liebe/Beauty)

Frauentag (BE, MV)	Samstag
	08
	März
	TE: Saturn ♄ (Lösung/Ende)

	Sonntag
	09
	März
	TE: Sonne ☉ (Mann/Energie)

Tag des keltischen Gottes Ceadda am 2. März

Der Gott Ceadda, auch bekannt als Saint Chad, ist eine bedeutende Figur in der angelsächsischen Mythologie und im Christentum. Als Bischof von Mercia im siebten Jahrhundert prägte er die religiöse Landschaft Englands maßgeblich. Ceadda ist für die Heilung von Quellen und heiligen Brunnen zuständig.

Besuch heute eine Quelle und fülle Dir dieses segenspendende Wasser in ein kleines Fläschchen, während Du ein Dankgebet sprichst.

Zu Hause kann dieses Wasser zur Weihe von Ritualgegenständen oder im Putzwasser für eine energetische Reinigung genutzt werden.

Montag **10** März	KW 11
TE: Mond ☽ (Intuition/Frau)	
Dienstag **11** März	
TE: Mars ♂ (Mut/Stärke)	
Mittwoch **12** März	
TE: Merkur ☿ (Dialog/Handel)	
Donnerstag **13** März	
TE: Jupiter ♃ (Geld/Job)	

Mondfinsternis	## Freitag # 14 März **Vollmond** Jungfrau (07:54 Uhr) TE: Venus ♀ (Liebe/Beauty)

	## Samstag # 15 März TE: Saturn ♄ (Lösung/Ende)

	## Sonntag # 16 März TE: Sonne ☉ (Mann/Energie)

Tag des griechischen Gottes Herakles am 11. März

Der Mythos erzählt: Als Herakles über seine Zukunft nachdenkt, begegnen ihm zwei Frauen. Eine, schlicht gekleidet und demütig, spricht leise und senkt die Augen. Die andere, prunkvoll gekleidet und selbstbewusst, verspricht ihm ein Leben ohne Schmerz und voller Freude, wenn er ihr folgt. Sie nennt sich „Glückseligkeit" von Freunden und „Lasterhaftigkeit" von Feinden. Dann ergreift die andere Frau das Wort, die verkörperte Tugend selbst erklärt, dass die Götter nichts ohne Mühe gewähren. Eine Debatte entbrennt über den wertvolleren Pfad. Herakles entscheidet sich für den Weg der Tugend. Diese Geschichte erinnert mich daran, wie manche das Thema Magie betrachten. Viele wollen sofortige Ergebnisse mit wenig Aufwand. Nur wenige sind bereit, Mühe und Zeit zu investieren. Was wählst Du?

Montag **17** März	KW 12
TE: Mond ☽ (Intuition/Frau)	
Dienstag **18** März	
TE: Mars ♂ (Mut/Stärke)	
Mittwoch **19** März	
TE: Merkur ☿ (Dialog/Handel)	
Donnerstag **20** März	Tagundnachtgleiche Sonne → Widder (10:01 Uhr)
TE: Jupiter ♃ (Geld/Job)	

	Freitag
	21
	März
	TE: Venus ♀
	(Liebe/Beauty)

	Samstag
	22
	März
	TE: Saturn ♄
	(Lösung/Ende)

	Sonntag
	23
	März
	TE: Sonne ☉
	(Mann/Energie)

Tag der ägyptischen Göttin Bastet am 22. März

Die katzenköpfige Fruchtbarkeitsgöttin ist die Schützerin der Schwangeren, die Göttin der Liebe, des Tanzes und der Feste. Heutzutage wird sie auch gern angerufen, wenn es um unsere Haustiere – speziell um Katzen – geht.

Da Bastet aber auch hilft, in schweren Zeiten den Durchblick zu behalten, kannst Du heute eine weiße und eine gelbe Kerze mit Deinem Namen beschriften und beide nebeneinander zeitgleich abbrennen lassen. Währenddessen kannst Du Bastet um Unterstützung bitten und auf Eingebungen hören, die sie Dir schickt.

Montag **24** März	KW 13
TE: Mond ☽ (Intuition/Frau)	
Dienstag **25** März	
TE: Mars ♂ (Mut/Stärke)	
Mittwoch **26** März	
TE: Merkur ☿ (Dialog/Handel)	
Donnerstag **27** März	
TE: Jupiter ♃ (Geld/Job)	

	Freitag
	28
	März
	TE: Venus ♀
	(Liebe/Beauty)

Sonnenfinsternis	Samstag
	29
	März
	Neumond
	Widder
	(11:57 Uhr)
	TE: Saturn ♄
	(Lösung/Ende)

	Sonntag
	30
	März
	TE: Sonne ☉
	(Mann/Energie)

Tag des Heiligen Eustas am 29. März

Eustas gehört zu den sogenannten Wetterheiligen und gibt gemeinsam mit seinem Begleiter einen Ausblick auf das Wetter der nächsten Monate. Die traditionelle Wetterregel besagt: Wie der Eustas (29. März) so der Frühling; wie der Quirin (30. März) so der Sommer.

Bitte beachte, dass diese Wetteregeln sich immer nur auf lokale Beobachtungen beziehen. Wie das Wetter am 29. oder 30. März bei Dir vor Ort ist, so wird das Wetter der Überlieferung nach im Frühling bzw. Sommer bei Dir im Ort sein.

Montag **31** März TE: Mond ☽ (Intuition/Frau)	KW 14
Dienstag **01** April TE: Mars ♂ (Mut/Stärke)	
Mittwoch **02** April TE: Merkur ☿ (Dialog/Handel)	
Donnerstag **03** April TE: Jupiter ♃ (Geld/Job)	

	Freitag **04** April TE: Venus ♀ (Liebe/Beauty)
	Samstag **05** April TE: Saturn ♄ (Lösung/Ende)
	Sonntag **06** April TE: Sonne ☉ (Mann/Energie)

Tag des germanischen Gottes Loki am 1. April

Als Narr hält der vermeintliche Unruhestifter der nordischen Mythologie den Menschen einen Spiegel vor. Allerdings ist dies nur eine Seite der Medaille. Ihn in ein Ritual zu bitten, braucht aufgrund des schlechten mythologischen Rufes etwas Mut und vor allem Konzentration. Loki ist ein mächtiger Gott, der vieles zu ermöglichen vermag. Allerdings duldet er keine Ablenkung und er nimmt Dich beim Wort. Wähle Deine Gedanken und Wünsche also weise und gut überlegt. Denke auch an die Konsequenzen. Wie soll es weiter gehen, wenn sich Dein Wunsch erfüllt hat?

Montag **07** April	KW 15
TE: Mond ☽ (Intuition/Frau)	
Dienstag **08** April	
TE: Mars ♂ (Mut/Stärke)	
Mittwoch **09** April	
TE: Merkur ☿ (Dialog/Handel)	
Donnerstag **10** April	
TE: Jupiter ♃ (Geld/Job)	

	Freitag
	11
	April
	TE: Venus ♀ (Liebe/Beauty)

	Samstag
	12
	April
	TE: Saturn ♄ (Lösung/Ende)

	Sonntag
	13
	April
	Vollmond Waage (02:22 Uhr)
	TE: Sonne ☉ (Mann/Energie)

Buddhistisches Hana-Matsuri-Fest am 8. April

An diesem Tag wird Buddhas Geburtstag mit Unmengen an Blüten und Blumen gefeiert. Die Gläubigen bringen Blüten als Opfer zu blumengeschmückten Buddha-Statuen in den Tempeln. Dann tropfen sie eine Art magischen Tee aus Hortensienblättern auf die Statuen, der vor bösen Geistern schützen soll.

Die besondere Tee-Hortensie der Sorte Aamacha kann man sogar in unseren Breiten im Garten pflanzen. Der fermentierte Sud ist so süß, dass er als Zuckerersatz zum Einsatz kommen kann. Du kannst diesen Tee auch sehr gut als Weihwasserersatz nutzen.

Montag **14** April TE: Mond ☽ (Intuition/Frau)	KW 16
Dienstag **15** April TE: Mars ♂ (Mut/Stärke)	
Mittwoch **16** April TE: Merkur ☿ (Dialog/Handel)	
Donnerstag **17** April TE: Jupiter ♃ (Geld/Job)	

Karfreitag	Freitag **18** April TE: Venus ♀ (Liebe/Beauty)
Sonne → Stier (21:55 Uhr)	Samstag **19** April TE: Saturn ♄ (Lösung/Ende)
Ostersonntag (BB)	Sonntag **20** April TE: Sonne ☉ (Mann/Energie)

Tag der römischen Göttin Tellus am 15. April

Lege einen Rosenquarzstein von Dienstag bis Sonntag aufs Fensterbrett, um ihn mit Liebesenergien aufzuladen. Bevor Du ihn dann als Glücksbringer bei Dir trägst, leg ihn noch eine Nacht unter Dein Kopfkissen, um ihn auf Dich einzuschwingen.

Bedenke, dass ein Rosenquarz Dich nicht von Deiner Eigenverantwortung entbindet. Wünschst Du Dir einen neuen Partner? Dann geh auf die Suche. Wenn Du Dir wünschst, dass Deine Beziehung harmonischer wird, dann warte nicht nur, sondern nimm Dein Glück selbst in die Hand!

Montag **21** April	KW 17 **Ostermontag**
TE: Mond ☽ (Intuition/Frau)	
Dienstag **22** April	
TE: Mars ♂ (Mut/Stärke)	
Mittwoch **23** April	
TE: Merkur ☿ (Dialog/Handel)	
Donnerstag **24** April	
TE: Jupiter ♃ (Geld/Job)	

Freitag

25
April

TE: Venus ♀
(Liebe/Beauty)

Samstag

26
April

TE: Saturn ♄
(Lösung/Ende)

Sonntag

27
April

Neumond
Stier
(21:31 Uhr)

TE: Sonne ☉
(Mann/Energie)

Tag des Heiligen Markus am 25. April

Früher wurden an diesem Tag Wacholderfeuer angezündet, um böse Geister zu vertreiben. Daher bietet sich heute eine Wacholderräucherung an, um Dein Umfeld von negativer Energie zu reinigen.

Dazu kannst Du einfach die getrockneten Beeren nehmen, die Du im Küchenschrank hast. Diese werden entweder auf ein Stövchen gelegt oder ganz klassisch auf glühende Räucherkohle. Besonders wenn Du diesen speziellen Duft etwas intensiver magst, kannst Du die Wacholderbeeren vor dem Räuchern mit der Rückseite eines Löffels etwas zerdrücken.

Montag **28** April	KW 18
TE: Mond ☽ (Intuition/Frau)	
Dienstag **29** April	
TE: Mars ♂ (Mut/Stärke)	
Mittwoch **30** April	
TE: Merkur ☿ (Dialog/Handel)	
Donnerstag **01** Mai	**Tag der Arbeit**
TE: Jupiter ♃ (Geld/Job)	

	Freitag
	02
	Mai
	TE: Venus ♀ (Liebe/Beauty)
	Samstag
	03
	Mai
	TE: Saturn ♄ (Lösung/Ende)
	Sonntag
	04
	Mai
	TE: Sonne ☉ (Mann/Energie)

Tag der hinduistischen Göttin Savitri am 2. Mai

Sie gilt als Göttin des Alphabets, der Sprache und der Weisheit. Daher passt heute ein Wort- bzw. Buchstabenorakel wunderbar.

Du kannst ein Orakel frei nach Lust und Laune auswählen. Vielleicht magst Du Folgendes ausprobieren: Bei einem Spaziergang im Wald oder an einem anderen Ort in der Natur konzentrierst Du Dich auf ein Thema, zu dem Du das Orakel befragen möchtest. Lass Dich führen. Wenn Du eine schöne Stelle für das Orakel findest, dann schreibe das Alphabet in den Sand, such einen kleinen Stein und stell Dich mit dem Rücken zu den Buchstaben auf. Wirf nun den Stein nach hinten über Deinen Kopf auf die Buchstaben, bis Du die einzelnen Zeichen zu einem Wort zusammensetzen kannst.

Montag **05** Mai	KW 19
TE: Mond ☽ (Intuition/Frau)	
Dienstag **06** Mai	
TE: Mars ♂ (Mut/Stärke)	
Mittwoch **07** Mai	
TE: Merkur ☿ (Dialog/Handel)	
Donnerstag **08** Mai	
TE: Jupiter ♃ (Geld/Job)	

	Freitag **09** Mai TE: Venus ♀ (Liebe/Beauty)
	Samstag **10** Mai TE: Saturn ♄ (Lösung/Ende)
	Sonntag **11** Mai TE: Sonne ☉ (Mann/Energie)

Tag der slawischen Zorya 6. Mai

Die Zorya sind drei Himmels- und Lichtgöttinnen und werden vor allem in Schicksalsfragen angerufen. Dafür kannst Du heute mit einem Ritual um günstiges Schicksal bitten. Zünde dazu drei Kerzen (je eine weiße, eine rote und eine schwarze) an. Die erste Kerze, die entzündet wird, ist die schwarze. Erinnere Dich an die Situationen, die schwierig waren und wie Du diese überwunden hast. Entzünde dann die rote Kerze und fühle die Dankbarkeit für all das, was Du jetzt hast und bist. Dann entzünde die weiße Kerze und bitte um gutes Schicksal und Glück. Vermeide konkrete Wünsche. Freue Dich auf das Wunderbare, das in Dein Leben kommen wird.

Montag **12** Mai **Vollmond** Skorpion (18:55 Uhr) TE: Mond ☽ (Intuition/Frau)	KW 20
Dienstag **13** Mai TE: Mars ♂ (Mut/Stärke)	
Mittwoch **14** Mai TE: Merkur ☿ (Dialog/Handel)	
Donnerstag **15** Mai TE: Jupiter ♃ (Geld/Job)	

	Freitag
	16
	Mai
	TE: Venus ♀ (Liebe/Beauty)

	Samstag
	17
	Mai
	TE: Saturn ♄ (Lösung/Ende)

	Sonntag
	18
	Mai
	TE: Sonne ☉ (Mann/Energie)

Tag des griechischen Gottes Pan am 18. Mai

Er gilt als starker und widerwilliger Waldgott, der in zahlreichen Legenden mit seinem furchterregenden Zauberschrei (Panik genannt) seine Feinde in die Flucht schlägt. Wusstest Du, dass wissenschaftliche Studien in den letzten Jahren bestätigt haben, dass lautes Schreien Spannungen löst und dadurch Stress vermindern kann? Wenn Du Dich fürchtest oder gestresst bist und gerade nicht laut schreien kannst, nimm einen Obsidianstein zur Hand. Man sagt, dass er Klarheit, Mut und logisches Denken fördert.

Montag **19** Mai	KW 21
TE: Mond ☽ (Intuition/Frau)	
Dienstag **20** Mai	Sonne → Zwillinge (20:54Uhr)
TE: Mars ♂ (Mut/Stärke)	
Mittwoch **21** Mai	
TE: Merkur ☿ (Dialog/Handel)	
Donnerstag **22** Mai	
TE: Jupiter ♃ (Geld/Job)	

	Freitag **23** Mai
	TE: Venus ♀ (Liebe/Beauty)
	Samstag **24** Mai
	TE: Saturn ♄ (Lösung/Ende)
	Sonntag **25** Mai
	TE: Sonne ☉ (Mann/Energie)

Tag des griechischen Gottes Hermes am 24. Mai

Der Schutzgott der Reisenden und Nachrichten, ist auch Gott der Magie, Gelehrsamkeit, Medizin und okkulten Weisheit. Wenn Du gerade erst Deine ersten Schritte im magischen Bereich gehst, ist er ein guter Ratgeber. Aber auch wenn Du schon geübt in den mystischen Künsten bist, unterstützt Hermes Dich dabei, noch tiefer zu blicken. Wenn Du magst, sprich folgendes Gebet an ihn: „Göttlicher Hermes, Bote der Götter und Hüter der Magie. Ich bitte Dich, mich auf dem Pfad der Erkenntnis zu leiten. Öffne meine Augen für die Geheimnisse des Universums."

Montag **26** Mai TE: Mond ☽ (Intuition/Frau)	KW 22
Dienstag **27** Mai **Neumond** Zwillinge (05:02 Uhr) TE: Mars ♂ (Mut/Stärke)	
Mittwoch **28** Mai TE: Merkur ☿ (Dialog/Handel)	
Donnerstag **29** Mai TE: Jupiter ♃ (Geld/Job)	**Christi Himmelfahrt**

	Freitag
	30
	Mai
	TE: Venus ♀ (Liebe/Beauty)

	Samstag
	31
	Mai
	TE: Saturn ♄ (Lösung/Ende)

	Sonntag
	01
	Juni
	TE: Sonne ☉ (Mann/Energie)

Tag der slawischen Göttin Gabija am 27. Mai

Sie ist eine bedeutende Gestalt in der litauischen Mythologie und wird als Beschützerin des Heims und des Feuers verehrt. Oft wird sie als junge Frau mit flammendem Haar und leuchtenden Augen dargestellt, die über das Feuer wacht und Schutz und Segen spendet. Gabija ist eng mit dem häuslichen Leben verbunden.
Üblicherweise wird ihr Brot geopfert, das in ein Feuer geworfen wird. Zum Beispiel während eines Lagerfeuers mit der ganzen Familie. Als Dank bringt die Göttin Glück und Segen ins Haus.

Montag **02** Juni	KW 23
TE: Mond ☽ (Intuition/Frau)	
Dienstag **03** Juni	
TE: Mars ♂ (Mut/Stärke)	
Mittwoch **04** Juni	
TE: Merkur ☿ (Dialog/Handel)	
Donnerstag **05** Juni	
TE: Jupiter ♃ (Geld/Job)	

	Freitag
	06
	Juni
	TE: Venus ♀ (Liebe/Beauty)

	Samstag
	07
	Juni
	TE: Saturn ♄ (Lösung/Ende)

Pfingstsonntag (BB)	Sonntag
	08
	Juni
	TE: Sonne ☉ (Mann/Energie)

Tag der römischen Göttin Alemonia am 2. Juni

Im antiken Rom war sie die Schutzgöttin der Schwangeren, welche die Kinder im Mutterleib nährt. Natürlich kannst Du – solltest Du einen Kinderwunsch hegen – Alemonia um Hilfe bitten.

Andererseits ist sie auch eine Fruchtbarkeitsgöttin und kann daher auch in finanziellen Themen angerufen werden. Richte einen Altar her, den Du mit Münzen, Früchten und Kerzen schmückst. Beschrifte eine grüne Kerze mit Deinem Wunsch und lass sie ganz abbrennen. Nimm Dir Zeit dafür, konzentriere Dich auf Deinen Wunsch und finde in einer Meditation zu Vertrauen in Dich selbst und in Alemonia.

Montag **09** Juni	KW 24 **Pfingstmontag**
TE: Mond ☽ (Intuition/Frau)	
Dienstag **10** Juni	
TE: Mars ♂ (Mut/Stärke)	
Mittwoch **11** Juni **Vollmond** Schütze (09:43 Uhr) TE: Merkur ☿ (Dialog/Handel)	
Donnerstag **12** Juni	
TE: Jupiter ♃ (Geld/Job)	

	Freitag
	13
	Juni
	TE: Venus ♀
	(Liebe/Beauty)

	Samstag
	14
	Juni
	TE: Saturn ♄
	(Lösung/Ende)

	Sonntag
	15
	Juni
	TE: Sonne ☉
	(Mann/Energie)

Tag des ägyptischen Gottes Horus am 12. Juni

Dem Mythos nach umspannt Horus der Falkengott mit seinen ausgebreiteten Flügeln die ganze Welt. Sonne und Mond sind seine Augen, so die Überlieferung. Er hilft uns, bestimmte Situationen und unser ganzes Leben aus einer anderen Perspektive wahrzunehmen. Oft hilft das bei der Lösung von festsitzenden Konflikten. Dazu versetzen wir uns für einen kurzen Moment in die Lage unseres Gegenübers und betrachten den Streit aus seinen Augen. Ja, das ist möglicherweise nicht angenehm, wenn man sich so direkt selbst in die Augen schaut und dort möglicherweise auch die eigenen Schatten erkennt. Aber es stärkt so viel Erkenntnis über das Selbst darin, dass es sich lohnt, den (kurzen) Schmerz auf sich zu nehmen.

Montag **16** Juni	KW 25
TE: Mond ☽ (Intuition/Frau)	

Dienstag **17** Juni	
TE: Mars ♂ (Mut/Stärke)	

Mittwoch **18** Juni	
TE: Merkur ☿ (Dialog/Handel)	

Donnerstag **19** Juni	**Fronleichnam** (BW, BY, HE, NW, RP, SL)
TE: Jupiter ♃ (Geld/Job)	

	Freitag **20** Juni
	TE: Venus ♀ (Liebe/Beauty)
Sonne → Krebs (04:42 Uhr)	Samstag **21** Juni
	TE: Saturn ♄ (Lösung/Ende)
	Sonntag **22** Juni
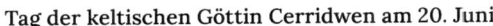	TE: Sonne ☉ (Mann/Energie)

Tag der keltischen Göttin Cerridwen am 20. Juni

Sie ist die dreifache Mutter und Mondgöttin, Göttin der Magie und Weisheit, aber auch von Tod und Wiedergeburt. Cerridwen besitzt einen großen Kessel, in welchem sie die Ursuppe (aus der das Leben hervorgeht) rührt, der aber auch auf magische Weise Nahrung für Körper, Geist und Seele hervorbringt.

Nimm Dir ein Beispiel an Cerridwen und probiere Dich in der Küchenmagie aus. Alle Gedanken beim Rühren gehen z.B. ins Essen hinein, wenn man dabei rechtsherum rührt. Wenn man linksherum rührt, geht alles hinaus. Es ist tatsächlich zu schmecken, wenn man Segnungen und liebevolle Worte in das Essen hineinrührt.

Montag **23** Juni TE: Mond ☽ (Intuition/Frau)	KW 26
Dienstag **24** Juni TE: Mars ♂ (Mut/Stärke)	
Mittwoch **25** Juni **Neumond** Krebs (12:31 Uhr) TE: Merkur ☿ (Dialog/Handel)	
Donnerstag **26** Juni TE: Jupiter ♃ (Geld/Job)	

	Freitag **27** Juni
	TE: Venus ♀ (Liebe/Beauty)
	Samstag **28** Juni
	TE: Saturn ♄ (Lösung/Ende)
	Sonntag **29** Juni
	TE: Sonne ☉ (Mann/Energie)

Tag der sumerischen Göttin Ishtar am 26. Juni

Sie ist eine uralte Himmelsgöttin, die schon vor über 4000 Jahren im alten Babylon unter anderem als Liebesgöttin verehrt wurde. Neben dem Löwen als Attribut ihrer Macht wurde ihr auch die Myrte zugeordnet.

Wenn Du das Herz Deines Liebsten erweichen möchtest, weil er sich emotionslos zeigt oder sich zurückzieht, dann probiere folgendes Ritual:

Stelle ein Foto Deines Liebsten in einem Fotorahmen auf und umwickle den Rahmen mit Myrtenzweigen. Stell eine rote Kerze davor, die Du mit Euren beiden Namen beschriftet hast. Lass die Kerze ganz abbrennen.

Montag **30** Juni	KW 27
TE: Mond ☽ (Intuition/Frau)	
Dienstag **01** Juli	
TE: Mars ♂ (Mut/Stärke)	
Mittwoch **02** Juli	
TE: Merkur ☿ (Dialog/Handel)	
Donnerstag **03** Juli	
TE: Jupiter ♃ (Geld/Job)	

	Freitag
	04
	Juli
	TE: Venus ♀ (Liebe/Beauty)

	Samstag
	05
	Juli
	TE: Saturn ♄ (Lösung/Ende)

	Sonntag
	06
	Juli
	TE: Sonne ☉ (Mann/Energie)

Tag der griechischen Göttin Peitho am 6. Juli

Peitho, die Göttin der Überredung und der Verführung, wird in der griechischen Mythologie oft als Begleiterin von Aphrodite dargestellt. Sie verkörpert die Macht der Überzeugung und des Charmes und wird oft angerufen, um bei zwischenmenschlichen Beziehungen und diplomatischen Angelegenheiten zu unterstützen. Peitho spielt eine wichtige Rolle in der Kunst der Rhetorik und wird oft als eine Göttin der Schönheit und der Eloquenz verehrt.

Montag **07** Juli TE: Mond ☽ (Intuition/Frau)	KW 28
Dienstag **08** Juli TE: Mars ♂ (Mut/Stärke)	
Mittwoch **09** Juli TE: Merkur ☿ (Dialog/Handel)	
Donnerstag **10** Juli **Vollmond** Steinbock (22:36 Uhr) TE: Jupiter ♃ (Geld/Job)	

	Freitag
	11 Juli
	TE: Venus ♀ (Liebe/Beauty)

	Samstag
	12 Juli
	TE: Saturn ♄ (Lösung/Ende)

	Sonntag
	13 Juli
	TE: Sonne ☉ (Mann/Energie)

Tag der ägyptischen Götter Huh und Hauhet am 11. Juli

Die Götter verkörpern die mythologische Ewigkeit und die Luft, die sich zwischen Himmel und Erde befindet. Daher passt eine Räucherung heute sehr gut. Das folgende Rezept wurde schon im antiken Ägypten genutzt, um sich den Göttern zu nähern: 4 TL Weihrauch, 2 TL Mastix, ½ TL Wacholderbeeren, ¼ TL Galgant, ½ TL Kardamom, 1 TL Zimtrinde oder Zimtblüte, 1 TL Myrrhe, ½ TL Rosenblätter, 1 TL Benzoe Siam und 1 ½ TL Sandelholz. Diese Mischung kann – wie es damals üblich war, mit Honig, Rotwein und / oder Sultaninen verfeinert und gut durchgemischt werden. Forme den Mix dann zu etwa erbsengroßen Kugeln und lass sie anschließend gut trocknen. Verwende die einzelnen Kügelchen zum Räuchern auf einem Stövchen oder auf Räucherkohle.

Montag **14** Juli TE: Mond ☽ (Intuition/Frau)	KW 29
Dienstag **15** Juli TE: Mars ♂ (Mut/Stärke)	
Mittwoch **16** Juli TE: Merkur ☿ (Dialog/Handel)	
Donnerstag **17** Juli TE: Jupiter ♃ (Geld/Job)	

	Freitag
	18
	Juli
	TE: Venus ♀
	(Liebe/Beauty)

	Samstag
	19
	Juli
	TE: Saturn ♄
	(Lösung/Ende)

	Sonntag
	20
	Juli
	TE: Sonne ☉
	(Mann/Energie)

Tag der keltischen Göttin Rosmerta am 18. Juli

Sie gilt als Unterstützerin der Frauen und soll ihnen, so die Überlieferung, zu geschäftlichem Erfolg verhelfen. Sie stärkt und ermutigt Frauen in Preis- und Vertragsverhandlungen.

Wende Dich an Rosmerta, wenn Du eine größere Anschaffung oder einen Verkauf planst, vor Bewerbungsgesprächen und Gehaltsverhandlungen.

Zünde eine grüne Kerze an, schreibe Deinen Namen darauf und lass sie vollständig abbrennen.

Montag **21** Juli TE: Mond ☽ (Intuition/Frau)	KW 30
Dienstag **22** Juli TE: Mars ♂ (Mut/Stärke)	Sonne → Löwe (15:29 Uhr)
Mittwoch **23** Juli TE: Merkur ☿ (Dialog/Handel)	
Donnerstag **24** Juli **Neumond** Löwe (21:11 Uhr) TE: Jupiter ♃ (Geld/Job)	

	Freitag
	25
	Juli
	TE: Venus ♀
	(Liebe/Beauty)

	Samstag
	26
	Juli
	TE: Saturn ♄
	(Lösung/Ende)

	Sonntag
	27
	Juli
	TE: Sonne ☉
	(Mann/Energie)

Tag der slawischen Göttin Ziwiena am 27. Juli

Früher wurden kleine Tonfiguren am Rande von Getreidefeldern vergraben, um Ziwiena, die Göttin des Getreides, zu ehren. Im Gegenzug versprach die Göttin Schutz und Frieden.

Auch wenn kein Getreidefeld an Dein Haus angrenzt, kannst Du den Segen der Göttin erbitten. Gestalte eine kleine Tonfigur, welche die Göttin darstellt, und platziere diese in der Nähe Deiner Haustür im Garten oder in einem Blumentopf.

Montag **28** Juli	KW 31
TE: Mond ☽ (Intuition/Frau)	
Dienstag **29** Juli	
TE: Mars ♂ (Mut/Stärke)	
Mittwoch **30** Juli	
TE: Merkur ☿ (Dialog/Handel)	
Donnerstag **31** Juli	
TE: Jupiter ♃ (Geld/Job)	

	Freitag **01** August TE: Venus ♀ (Liebe/Beauty)
	Samstag **02** August TE: Saturn ♄ (Lösung/Ende)
	Sonntag **03** August TE: Sonne ☉ (Mann/Energie)

Tag der slawischen Göttin Baba Yaga am 28. Juli

Bekannt ist sie als mystische Figur in ihrer Hütte, die auf einem Hühnerbein, tief im Wald verborgen, steht. Den Menschen, die zu ihr kommen und auf gute Ratschläge oder kostbare Geschenke hoffen, stellt sie nahezu unlösbare Aufgaben. Erfüllt man diese doch zu Baba Yagas Zufriedenheit (sie hat da ganz eigene Maßstäbe), so erhält man ein Geschenk, das auf den ersten Blick wertlos und schlecht erscheint. Nimmt man es dennoch dankbar an, verbirgt sich darin unermesslicher Reichtum.

Montag **04** August	KW 32
TE: Mond ☽ (Intuition/Frau)	
Dienstag **05** August	
TE: Mars ♂ (Mut/Stärke)	
Mittwoch **06** August	
TE: Merkur ☿ (Dialog/Handel)	
Donnerstag **07** August	
TE: Jupiter ♃ (Geld/Job)	

	Freitag
	08
	August
	TE: Venus ♀
	(Liebe/Beauty)

	Samstag
	09
	August
	Vollmond
	Wassermann
	(09:55 Uhr)
	TE: Saturn ♄
	(Lösung/Ende)

	Sonntag
	10
	August
	TE: Sonne ☉
	(Mann/Energie)

Tag der finnischen Göttin Rauni am 6. August

Sie ist mit der Natur, der Fruchtbarkeit und dem Wachstum verbunden und wird oft als Baumgöttin verehrt. In früheren Zeiten war sie auch Gewitter-, Donner- und Regenbogengöttin und wurde besonders zur Erntezeit mit Dankesritualen bedacht, die stets auch eine Bitte um Schutz enthielten.

Eine rote Feder ins Fenster gehängt, soll vor Blitzschlag helfen, so sagt der Volksglauben. Gleichzeitig ist die rote Feder auch ein Symbol für Mut, Stärke und soll Vitalität und Lebenskraft bringen.

Montag **11** August	KW 33
TE: Mond ☽ (Intuition/Frau)	
Dienstag **12** August	
TE: Mars ♂ (Mut/Stärke)	
Mittwoch **13** August	
TE: Merkur ☿ (Dialog/Handel)	
Donnerstag **14** August	
TE: Jupiter ♃ (Geld/Job)	

	Freitag
Mariä Himmelfahrt (BY, SL)	**15**
	August
	TE: Venus ♀ (Liebe/Beauty)

	Samstag
	16
	August
	TE: Saturn ♄ (Lösung/Ende)

	Sonntag
	17
	August
	TE: Sonne ☉ (Mann/Energie)

Mariä Himmelfahrt am 15. August

Noch heute lebt ein reiches Brauchtum zu diesem Gedenktag. So ist es üblich, einen Kräuterstrauß aus sieben verschiedenen Pflanzen zu binden, die in manchen Gegenden in einem katholischen Gottesdienst gesegnet werden.

In den Sträußen darf Goldrute nicht fehlen, weil sie Glück, Segen und Vitalität bringen soll. Hält man die Goldrute wie eine Wünschelrute in der Hand, so schlägt sie in Richtung verlorener Gegenstände aus.

Schau beim Schneiden genau hin. Zur Mittagsstunde soll man angeblich Engel neben der Goldrute stehen sehen.

Montag **18** August	KW 34
TE: Mond ☽ (Intuition/Frau)	
Dienstag **19** August	
TE: Mars ♂ (Mut/Stärke)	
Mittwoch **20** August	
TE: Merkur ☿ (Dialog/Handel)	
Donnerstag **21** August	
TE: Jupiter ♃ (Geld/Job)	

Sonne → Jungfrau (22:33 Uhr)	**Freitag** **22** August TE: Venus ♀ (Liebe/Beauty)
	Samstag **23** August **Neumond** Jungfrau (08:06 Uhr) TE: Saturn ♄ (Lösung/Ende)
	Sonntag **24** August TE: Sonne ☉ (Mann/Energie)

Tag des Heiligen Bartholomäus am 24. August

In der katholischen Ikonographie wird er aufgrund seines Martyriums oft mit einem Messer dargestellt, obwohl Messer bis heute mit allerlei vorchristlichem Zauber belegt sind. So darf man ein Messer nicht ins Brot stechen, weil das Unglück bringt. Leckt ein Mann das Messer ab, wird er seiner Frau nie wieder widersprechen können. So wie das Wetter heute ist, soll es auch im ganzen Herbst sein, es sei denn, man schreibt mit einem Messer den Namen des Heiligen in die Luft.

Montag **25** August	KW 35
TE: Mond ☽ (Intuition/Frau)	
Dienstag **26** August	
TE: Mars ♂ (Mut/Stärke)	
Mittwoch **27** August	
TE: Merkur ☿ (Dialog/Handel)	
Donnerstag **28** August	
TE: Jupiter ♃ (Geld/Job)	

	Freitag **29** August TE: Venus ♀ (Liebe/Beauty)
	Samstag **30** August TE: Saturn ♄ (Lösung/Ende)
	Sonntag **31** August TE: Sonne ☉ (Mann/Energie)

Tag der indischen Göttin Rohini am 30. August

Sie ist eine Frau Krishnas und ihr Name bedeutet so viel wie „die Rötliche". Sie verhilft Krishna zu Freude, Liebe und Aktivität. Auch in der europäischen Deutung gilt Rot als aufregend und erwärmend. Es ist die Farbe des Blutes und steht damit auch für Lebensenergie und den Schutz derselben. So gibt es zum Beispiel heute noch rote Armbändchen, die vor dem bösen Blick schützen sollen. Zünde heute eine rote Kerze an, um Dein Blut in Freude und Wallung zu bringen und um Dich vor negativen Energien zu schützen.

Montag **01** September	KW 36
TE: Mond ☽ (Intuition/Frau)	
Dienstag **02** September	
TE: Mars ♂ (Mut/Stärke)	
Mittwoch **03** September	
TE: Merkur ☿ (Dialog/Handel)	
Donnerstag **04** September	
TE: Jupiter ♃ (Geld/Job)	

	Freitag
	05
	September
	TE: Venus ♀ (Liebe/Beauty)

	Samstag
	06
	September
	TE: Saturn ♄ (Lösung/Ende)

Mondfinsternis	Sonntag
	07
	September
	Vollmond Fische (20:08 Uhr)
	TE: Sonne ☉ (Mann/Energie)

Tag der slawischen Göttin Laima am 4. September

Laima ist die Schöpferin der Menschen, die Personifizierung des Schicksals und bestimmt über Glück und Unglück, ist aber auch in der Lage, verzweifelten Menschen zu helfen. Allerdings dürfen die Menschen für die Hilfe von Laima nicht in ihrem Unglück oder ihrer Unzufriedenheit verharren.

Finde heute mit einem Orakel (z. B. Tarot) heraus, was der nächste Schritt für Dich aus der Unzufriedenheit heraus ist und bitte Laima um Unterstützung, während Du ein Räucherstäbchen abbrennen lässt.

Montag **08** September	KW 37
TE: Mond ☽ (Intuition/Frau)	
Dienstag **09** September	
TE: Mars ♂ (Mut/Stärke)	
Mittwoch **10** September	
TE: Merkur ☿ (Dialog/Handel)	
Donnerstag **11** September	
TE: Jupiter ♃ (Geld/Job)	

	Freitag **12** September TE: Venus ♀ (Liebe/Beauty)
	Samstag **13** September TE: Saturn ♄ (Lösung/Ende)
	Sonntag **14** September TE: Sonne ☉ (Mann/Energie)

Tag des römischen Gottes Sankus am 11. September

Er ist der Wächter über vertragliche Treue und Verbindlichkeit. Verträge und Versprechen haben auch immer eine spirituelle Bedeutung. Nach einer Kündigung sollten auch energetische Verbindungen gelöst werden, weil sie sonst folgende Verträge behindern können. Zünde dafür eine schwarze Kerze an und erinnere Dich an alle bisherigen beruflichen Verträge. Stell Dir vor, wie die Flamme das Verbindende trennt und dadurch Glück für beide Vertragspartner freigesetzt wird.

| Montag **15** September | KW 38 |
| TE: Mond ☽ (Intuition/Frau) | |

| Dienstag **16** September | |
| TE: Mars ♂ (Mut/Stärke) | |

| Mittwoch **17** September | |
| TE: Merkur ☿ (Dialog/Handel) | |

| Donnerstag **18** September | |
| TE: Jupiter ♃ (Geld/Job) | |

	Freitag
	19
	September
	TE: Venus ♀
	(Liebe/Beauty)

Weltkindertag (TH)	Samstag
	20
	September
	TE: Saturn ♄
	(Lösung/Ende)

	Sonntag
	21
	September
	Neumond
	Jungfrau
	(21:54 Uhr)
	TE: Sonne ☉
	(Mann/Energie)

Keltisches Alban Elfed am 21. September

Der Beginn der dunklen Jahreszeit war und ist als Schwellenfest mit besonderen Energien verbunden. Man sagt, die Schleier zur jenseitigen Welt sird heute besonders dünn und daher dürfen Orakel aller Art nicht fehlen. Probiere doch einmal Folgendes aus: Schäle einen Apfel und wirf die Schale über Deine Schulter auf den Boden. Aus der Art wie die Schale liegt, deutest Du auf Deine Zukunft. Du kannst z.B. Symbole oder Buchstaben erkennen.

Montag **22** September TE: Mond ☽ (Intuition/Frau)	KW 39 Sonne → Waage (20:19 Uhr)
Dienstag **23** September TE: Mars ♂ (Mut/Stärke)	
Mittwoch **24** September TE: Merkur ☿ (Dialog/Handel)	
Donnerstag **25** September TE: Jupiter ♃ (Geld/Job)	

	Freitag **26** September TE: Venus ♀ (Liebe/Beauty)
	Samstag **27** September TE: Saturn ♄ (Lösung/Ende)
	Sonntag **28** September TE: Sonne ☉ (Mann/Energie)

Tag des Heiligen Vinzenz am 27. September

Er galt als strebsamer Mann und ließ sich schon im Alter von 19 Jahren zum Priester weihen. Trotz Wallfahrten und Weiterbildungen fand er keine Anstellung. Als Notlösung arbeitete er in einem Internat, machte Schulden und musste schließlich sogar vor Gläubigern fliehen. Auf der Flucht landete er in Paris und knüpfte dort gute Kontakte, die ihn in eine gut bezahlte Anstellung als Hausgeistlicher eines Generals brachten. Einer Legende nach trug er stets ein Ginkgo-Blatt bei sich, das ihm dabei half, gute Kontakte zu knüpfen und Ideen und Lösungen zu finden. Wenn Du auch diesen Qualitäten in Deinem Leben Raum geben möchtest, kannst Du ebenfalls ein Ginkgo-Blatt, zum Beispiel als Schmuckstück, bei Dir tragen.

Montag **29** September TE: Mond ☽ (Intuition/Frau)	KW 40
Dienstag **30** September TE: Mars ♂ (Mut/Stärke)	
Mittwoch **01** Oktober TE: Merkur ☿ (Dialog/Handel)	
Donnerstag **02** Oktober TE: Jupiter ♃ (Geld/Job)	

Tag der Deutschen Einheit	Freitag **03** Oktober TE: Venus ♀ (Liebe/Beauty)
	Samstag **04** Oktober TE: Saturn ♄ (Lösung/Ende)
	Sonntag **05** Oktober TE: Sonne ☉ (Mann/Energie)

Schutzengeltag am 2. Oktober

Dieser eigentlich katholische Gedenktag hat längst in die spirituelle Szene Einzug gehalten. Er darf Dich daran erinnern, dass Du stets und ständig begleitet und beschützt bist. In der Bibel steht dazu in Psalm 91: „Denn Gott hat seine Engel ausgesandt, damit sie Dich schützen wollen, wohin Du auch gehst."

Heute ist daher ein guter Tag, mit Deinem persönlichen Schutzengel Kontakt aufzunehmen. Sprich dazu Deine Frage laut und deutlich aus und achte dann im Laufe des Tages auf Zeichen und Signale. Findest Du eine Feder? Dann sagt Dein Schutzengel, dass er bei Dir ist und Dir hilft. Findest Du eine Münze? Diese verspricht Erfolg und Glück.

Montag
06
Oktober

TE: Mond ☽
(Intuition/Frau)

Dienstag
07
Oktober

Vollmond
Widder
(05:47 Uhr)

TE: Mars ♂
(Mut/Stärke)

Mittwoch
08
Oktober

TE: Merkur ☿
(Dialog/Handel)

Donnerstag
09
Oktober

TE: Jupiter ♃
(Geld/Job)

	Freitag
	10
	Oktober
	TE: Venus ♀
	(Liebe/Beauty)

	Samstag
	11
	Oktober
	TE: Saturn ♄
	(Lösung/Ende)

	Sonntag
	12
	Oktober
	TE: Sonne ☉
	(Mann/Energie)

Tag der griechische Göttin Artemis am 11. Oktober

Sie ist die Göttin der Jagd und der wilden Natur im Menschen. Sie kann Dir helfen, Deine eigene ursprüngliche Seite wiederzuentdecken und Dein innerstes Ich zu leben. Feiere dazu heute mal wieder das Wilde und Ungezähmte in Dir. Tu etwas, was Du Dich sonst nie trauen würdest. Was kommt Dir da spontan in den Gedanken? Was hinderte Dich bisher daran, es einfach zu tun? Heute ist nicht der richtige Tag, darüber nachzudenken, was andere Menschen von Dir denken. Heute geht es einfach nur ums Tun!

Montag **13** Oktober TE: Mond ☽ (Intuition/Frau)	KW 42
Dienstag **14** Oktober TE: Mars ♂ (Mut/Stärke)	
Mittwoch **15** Oktober TE: Merkur ☿ (Dialog/Handel)	
Donnerstag **16** Oktober TE: Jupiter ♃ (Geld/Job)	

	Freitag
	17
	Oktober
	TE: Venus ♀ (Liebe/Beauty)

	Samstag
	18
	Oktober
	TE: Saturn ♄ (Lösung/Ende)

	Sonntag
	19
	Oktober
	TE: Sonne ☉ (Mann/Energie)

Tag der hinduistischen Göttin Kali am 13. Oktober

Sie gilt als allmächtig, absolut und alldurchdringend. Sie ist jenseits von Angst und endlicher Existenz. Darauf gründet sich der Glauben, dass sie fähig ist, ihre Anhänger vor Furcht zu beschützen und ihnen endlosen Frieden zu scherken. Das tut Kali allerdings, indem sie den, der mit ihr arbeiten möchte, zunächst in die Tiefen seiner Ängste führt. Wenn er sich diesen einmal intensiv gestellt hat, ist er frei und ganz bei sich selbst angekommen. Wovor fürchtest Du Dich?

Montag **20** Oktober	KW 43
TE: Mond ☽ (Intuition/Frau)	
Dienstag **21** Oktober **Neumond** Waage (14:25 Uhr) TE: Mars ♂ (Mut/Stärke)	
Mittwoch **22** Oktober TE: Merkur ☿ (Dialog/Handel)	
Donnerstag **23** Oktober TE: Jupiter ♃ (Geld/Job)	Sonne → Skorpion (05:50 Uhr)

	Freitag
	24
	Oktober
	TE: Venus ♀ (Liebe/Beauty)

	Samstag
	25
	Oktober
	TE: Saturn ♄ (Lösung/Ende)

	Sonntag
	26
	Oktober
	TE: Sonne ☉ (Mann/Energie)

Hinduistisches Diwali-Fest am 24. und 25. Oktober

Mit hell erleuchteten Häusern wird der Sieg des Lichts über das Dunkel gefeiert. Das Gute besiegt das Böse. Ein Tag der Feierlichkeiten ist der Göttin Lakshmi gewidmet. Man sagt, dass sie durchs Land zieht und überall, wo sie einkehrt, Segen und Glück hinterlässt. Sie kommt aber nur in die Häuser, die sauber, aufgeräumt und hell erleuchtet sind.

Vielleicht nimmst Du diese Tage zum Anlass, um Lakshmi einzuladen? Räume Dein Haus oder Deine Wohnung gründlich auf und erleuchte alles hell mit Kerzen, Lampions und / oder Lichterketten.

Montag **27** Oktober TE: Mond ☽ (Intuition/Frau)	
Dienstag **28** Oktober TE: Mars ♂ (Mut/Stärke)	
Mittwoch **29** Oktober TE: Merkur ☿ (Dialog/Handel)	
Donnerstag **30** Oktober TE: Jupiter ♃ (Geld/Job)	

Reformationstag (BB, HB, HH, MV, NI, SN, ST, SH, TH)	Freitag **31** Oktober TE: Venus ♀ (Liebe/Beauty)
Allerheiligen (BW, BY, NW, RP, SL)	Samstag **01** November TE: Saturn ♄ (Lösung/Ende)
	Sonntag **02** November TE: Sonne ☉ (Mann/Energie)

Keltisches Samhain am 31. Oktober

Die Erntezeit ist vorbei, mit Beginn der dunklen Jahreszeit endet das alte Jahr und die Natur scheint zu sterben. Und dennoch liegt in diesem Tod auch das Versprechen auf einen Neuanfang. Schneide 12 Schlitze in einen kleinen Kürbis. Beschrifte 13 Zettel mit Deinen Wünschen fürs neue Jahr. Falte die Zettel zusammen und mische sie durch. Schieb in jeden Schlitz einen Wunschzettel und vergrabe den Kürbis. Der 13. Zettel ist Dein Auftrag. Um die Erfüllung dieses letzten Wunsches musst Du Dich nun selbst aktiv kümmern.

Montag **03** November TE: Mond ☽ (Intuition/Frau)	
Dienstag **04** November TE: Mars ♂ (Mut/Stärke)	
Mittwoch **05** November **Vollmond** Stier (14:19) TE: Merkur ☿ (Dialog/Handel)	
Donnerstag **06** November TE: Jupiter ♃ (Geld/Job)	

	Freitag **07** November TE: Venus ♀ (Liebe/Beauty)
	Samstag **08** November TE: Saturn ♄ (Lösung/Ende)
	Sonntag **09** November TE: Sonne ☉ (Mann/Energie)

Tag des Heiligen Leonhard am 6. November

Als Schutzpatron der Tiere werden an Leonardi Wallfahrten mit Tiersegnungen unternommen. Zünde doch heute einmal eine Segnungskerze für Dein Haustier an. Du kannst eine weiße Kerze verwenden, in die Du den Namen des tierischen Mitbewohners ritzt. Entzünde die Kerze und visualisiere, wie die Energie der Flamme Dein Tier einhüllt und ganz ausfüllt, wie es gesegnet und geschützt wird.

Montag **10** November TE: Mond ☽ (Intuition/Frau)	KW 46
Dienstag **11** November TE: Mars ♂ (Mut/Stärke)	
Mittwoch **12** November TE: Merkur ☿ (Dialog/Handel)	
Donnerstag **13** November TE: Jupiter ♃ (Geld/Job)	

	Freitag
	14
	November
	TE: Venus ♀ (Liebe/Beauty)

	Samstag
	15
	November
	TE: Saturn ♄ (Lösung/Ende)

Volkstrauertag	Sonntag
	16
	November
	TE: Sonne ☉ (Mann/Energie)

Tag des Heiligen Martin am 11. November

Der weithin bekannten Legende nach begegnete Martin von Tours mitten im Winter einem armen Mann. Martin zerschnitt seinen Mantel und schenkte dem Bettler eine Hälfte davon.

Dieser Tag wurde und wird heute noch als wichtiger Tag für Inventuren (besonders im landwirtschaftlichen Bereich) genutzt. Mach Dir diese Energie zu eigen und sortiere heute Deine magischen Utensilien. Verschenke alles, was Du in diesem Jahr nicht wenigstens einmal benutzt hast.

Montag **17** November	KW 47
TE: Mond ☽ (Intuition/Frau)	
Dienstag **18** November	
TE: Mars ♂ (Mut/Stärke)	
Mittwoch **19** November	**Buß- und Bettag** (SN)
TE: Merkur ☿ (Dialog/Handel)	
Donnerstag **20** November **Neumond** Skorpion (07:47 Uhr) TE: Jupiter ♃ (Geld/Job)	

	Freitag
	21
	November
	TE: Venus ♀
	(Liebe/Beauty)

Sonne → Schütze (02:35 Uhr)	Samstag
	22
	November
	TE: Saturn ♄
	(Lösung/Ende)

Totensonntag	Sonntag
	23
	November
	TE: Sonne ☉
	(Mann/Energie)

Tag der japanischen Göttin Inari am 16. November

Im November wird – ebenso wie zu Frühlingsbeginn – mit Gebeten und Zeremonien Inari gedacht. Es gibt über 30.000 Inari-Schreine in Japan und in vielen Häusern findet man sie als Symbol für Wohlstand und Freundschaft. Inari ist eine Ernte- und vor allem Reisgöttin, die für eine gute Ernte sorgt. Um für Deinen persönlichen Wohlstand kannst Du auch einen kleinen Inari-Schrein errichten oder folgendes Ritual ausprobieren: Entzünde eine gelbe Kerze und stell Dir vor, wie kleine Münzen aus der Flamme springen - direkt in Deine Geldbörse.

Montag **24** November TE: Mond ☽ (Intuition/Frau)	KW 48
Dienstag **25** November TE: Mars ♂ (Mut/Stärke)	
Mittwoch **26** November TE: Merkur ☿ (Dialog/Handel)	
Donnerstag **27** November TE: Jupiter ♃ (Geld/Job)	

	Freitag
	28
	November
	TE: Venus ♀
	(Liebe/Beauty)

	Samstag
	29
	November
	TE: Saturn ♄
	(Lösung/Ende)

1. Advent	Sonntag
	30
	November
	TE: Sonne ☉
	(Mann/Energie)

1. Advent am 30. November

Die vierwöchige Weihnachts-Vorbereitungszeit (lat. Adventus Domini – Ankunft des Herrn) war früher für alle Kirchen eine Fastenzeit. Heute ist sie das nur noch in den Orthodoxien.

Der grüne Adventskranz, der weit verbreiteter Brauch ist, symbclisiert Leben und Hoffnung, weil er den Sieg des Lebens über den Tod darstellt. Die grünen Zweige können mit einem Siegeskranz in Verbindung gebracht werden, der schon im antiken Rom mit einem roten Band verziert wurde.

Montag **01** Dezember TE: Mond ☽ (Intuition/Frau)	KW 49
Dienstag **02** Dezember TE: Mars ♂ (Mut/Stärke)	
Mittwoch **03** Dezember TE: Merkur ☿ (Dialog/Handel)	
Donnerstag **04** Dezember TE: Jupiter ♃ (Geld/Job)	

	Freitag
	05
	Dezember
	Vollmond
	Zwillinge
	(00:14 Uhr)
	TE: Venus ♀
	(Liebe/Beauty)

	Samstag
	06
	Dezember
	TE: Saturn ♄
	(Lösung/Ende)

2. Advent	Sonntag
	07
	Dezember
	TE: Sonne ☉
	(Mann/Energie)

Tag der Heiligen Barbara am 4. Dezember

Sie ist die christianisierte Form einer keltischen Feenkönigin. Ein schöner Brauch ist es, an diesem Tag einen Weiden-, Forsythien- oder Kirschzweig zu schneiden und in der Stube in eine Vase zu stellen. Blüht der Zweig bis Weihnachten, steht ein glückliches Jahr bevor.

Eine traditionelle Wetterregel besagt: „Kommt Barbara in grün, geht's Christkindl in weiß." Wenn es also heute keinen Schnee bei Dir gibt, ist die Wahrscheinlichkeit auf weiße Weihnachten groß.

Montag **08** Dezember	KW 50
TE: Mond ☽ (Intuition/Frau)	
Dienstag **09** Dezember	
TE: Mars ♂ (Mut/Stärke)	
Mittwoch **10** Dezember	
TE: Merkur ☿ (Dialog/Handel)	
Donnerstag **11** Dezember	
TE: Jupiter ♃ (Geld/Job)	

	Freitag
	12
	Dezember
	TE: Venus ♀ (Liebe/Beauty)

	Samstag
	13
	Dezember
	TE: Saturn ♄ (Lösung/Ende)

3. Advent	Sonntag
	14
	Dezember
	TE: Sonne ☉ (Mann/Energie)

Tag der keltischen Göttin Borbeth am 12. Dezember

Borbeth ist die warmherzige Erdmutter, so wie eine liebende Großmutter, die tröstet und Geborgenheit schenkt. Die Kelten sahen in der Erde bei Borbeth die Anderswelt, in der sich die Seelen der Verstorbenen bis zur Wiedergeburt aufhalten.

Wenn Du das Gefühl hast, der Vorweihnachtsstress überrollt, dann verbinde Dich mit Borbeth, mit Mutter Erde. Lege Dich flach hin (auf den Boden, aufs Bett oder auch draußen, wenn Du kälteresistent bist) und stell Dir vor, wie Du langsam durch die Unterlage, durch den Boden in die Erde sinkst – immer tiefer, immer tiefer. Visualisiere, wie Du Dich immer wohler fühlst und mit den heilsamen Energien von Borbeth versorgt wirst.

Montag **15** Dezember	KW 51
TE: Mond ☽ (Intuition/Frau)	
Dienstag **16** Dezember	
TE: Mars ♂ (Mut/Stärke)	
Mittwoch **17** Dezember	
TE: Merkur ☿ (Dialog/Handel)	
Donnerstag **18** Dezember	
TE: Jupiter ♃ (Geld/Job)	

	Freitag
	19
	Dezember
	TE: Venus ♀ (Liebe/Beauty)

	Samstag
	20
	Dezember
	Neumond Schütze (02:43 Uhr)
	TE: Saturn ♄ (Lösung/Ende)

4. Advent Sonne → Steinbock (16:03 Uhr)	Sonntag
	21
	Dezember
	TE: Sonne ☉ (Mann/Energie)

Tag der römischen Göttin Ops am 19. Dezember

Sie ist die Göttin der Saat, der Fruchtbarkeit und des Reichtums. Abgeleitet wird von ihrem Namen auch das Wort Opus (= das Werk) und damit wird klar, dass sie eine Schöpfungsgöttin ist. Bei ihrem heutigen Festtag geht es darum, dass Du Deine Finanzpläne für das nächste Jahr formulierst. Eine weiße und eine grüne Kerze gleichzeitig abgebrannt schaffen Klarheit und unterstützen den Gedanken der Fülle.

Montag **22** Dezember	KW 52
TE: Mond ☽ (Intuition/Frau)	
Dienstag **23** Dezember	
TE: Mars ♂ (Mut/Stärke)	
Mittwoch **24** Dezember	Heiligabend
TE: Merkur ☿ (Dialog/Handel)	
Donnerstag **25** Dezember	**1. Weihnachtsfeiertag**
TE: Jupiter ♃ (Geld/Job)	

2. Weihnachtsfeiertag	Freitag **26** Dezember TE: Venus ♀ (Liebe/Beauty)
	Samstag **27** Dezember TE: Saturn ♄ (Lösung/Ende)
	Sonntag **28** Dezember TE: Sonne ☉ (Mann/Energie)

Neuheidnisches Yule-Fest am 22. Dezember

Dies ist das Fest der Wiedergeburt und der Regeneration. In der längsten Nacht des Jahres wird die Sonne den Mythen nach wieder neu geboren. Dies wird vor allem mit Kerzen und Lagerfeuern gefeiert. Und wenn Du heute noch backst, solltest Du mit mehligen Händen einen Baum berühren. Angeblich trägt er dann im kommenden Jahr ganz besonders viele Früchte.

Montag **29** Dezember	KW 1
TE: Mond ☽ (Intuition/Frau)	
Dienstag **30** Dezember	
TE: Mars ♂ (Mut/Stärke)	
Mittwoch **31** Dezember 2025	Silvester
TE: Merkur ☿ (Dialog/Handel)	
Donnerstag **01** Januar 2026	**Neujahrstag**
TE: Jupiter ♃ (Geld/Job)	

	Freitag
	02
	Januar
	TE: Venus ♀ (Liebe/Beauty)

	Samstag
	03
	Januar
	TE: Saturn ♄ (Lösung/Ende)

	Sonntag
	04
	Januar
	TE: Sonne ☉ (Mann/Energie)

Tag der babylonischen Göttin Nanshe am 1. Januar

Nanshe schaut, so sagt man, am Neujahrstag auf das vergangene Jahr und beurteilt die Taten der Menschen. Auch Du kannst diesen Tag gut für eine Bilanz des alten Jahres und die Ausrichtung auf das neue nutzen.

Um Dich für die Segnungen des vergangenen Jahres erkenntlich zu zeigen, kannst Du Nanshe ein Dankopfer darbringen. Schreibe dazu alles Positive, das Dir im Jahr 2025 widerfahren ist, auf einen Zettel. Falte ein Papierboot daraus und fülle es mit Blüten, Honig, Obst etc. Lass das Schiffchen in einem Fluss zu Wasser und geh davon, ohne Dich umzublicken.

Gesetzliche Feiertage im Jahr 2026

(Stand 08.02.2024)

Tag	Datum	Namen	Bundesland
DO	01.01.	Neujahrstag	bundesweit
DI	06.01.	Heilige Drei Könige	BW, BY, ST
SO	08.03.	Internat. Frauentag	BE, MV
FR	03.04.	Karfreitag	Bundesweit
SO	04.04.	Ostersonntag	BB
MO	05.04.	Ostermontag	Bundesweit
FR	01.05.	Tag der Arbeit	Bundesweit
DO	14.05.	Christi Himmelfahrt	Bundesweit
SO	24.05.	Pfingstsonntag	BB
MO	24.05.	Pfingstmontag	Bundesweit
DO	04.06.	Fronleichnam	BW, BY, HE, NW, RP, SL
SA	15.08.	Mariä Himmelfahrt	BY, SL
SO	20.09.	Weltkindertag	TH
SA	03.10.	Tag der Deutschen Einheit	Bundesweit
SA	31.10.	Reformationstag	BB, HB, HH, MV, NI, SN, ST, SH, TH
SO	01.11.	Allerheiligen	BW, BY, NW, RP, SL
MI	18.11.	Buß- und Bettag	SN
FR	25.12.	1. Weihnachtstag	Bundesweit
SA	26.12.	2. Weihnachtstag	Bundesweit

Liste der verwendeten Abkürzungen

BB	– Brandenburg	NW	– Nordrhein-Westfalen
BE	– Berlin	RP	– Rheinland-Pfalz
BW	– Baden-Württemberg	SH	– Schleswig-Holstein
BY	– Bayern	SL	– Saarland
HB	– Bremen	SN	– Sachsen
HE	– Hessen	ST	– Sachsen-Anhalt
HH	– Hamburg	TH	– Thüringen
MV	– Mecklenburg-Vorpommern	TE	– Tagesenergie
NI	– Niedersachsen		

Kalenderübersicht 2026

Januar

	Mo	Di	Mi	Do	Fr	Sa	So
1				1	2	3	4
2	5	6	7	8	9	10	11
3	12	13	14	15	16	17	18
4	19	20	21	22	23	24	25
5	26	27	28	29	30	31	

Februar

	Mo	Di	Mi	Do	Fr	Sa	So
5							1
6	2	3	4	5	6	7	8
7	9	10	11	12	13	14	15
8	16	17	18	19	20	21	22
9	23	24	25	26	27	28	

März

	Mo	Di	Mi	Do	Fr	Sa	So
9							1
10	2	3	4	5	6	7	8
11	9	10	11	12	13	14	15
12	16	17	18	19	20	21	22
13	23	24	25	26	27	28	29
14	30	31					

April

	Mo	Di	Mi	Do	Fr	Sa	So
14			1	2	3	4	5
15	6	7	8	9	10	11	12
16	13	14	15	16	17	18	19
17	20	21	22	23	24	25	26
18	27	28	29	30			

Mai

	Mo	Di	Mi	Do	Fr	Sa	So
18					1	2	3
19	4	5	6	7	8	9	10
20	11	12	13	14	15	16	17
21	18	19	20	21	22	23	24
22	25	26	27	28	29	30	31

Juni

	Mo	Di	Mi	Do	Fr	Sa	So
23	1	2	3	4	5	6	7
24	8	9	10	11	12	13	14
25	15	16	17	18	19	20	21
26	22	23	24	25	26	27	28
27	29	30					

Juli

	Mo	Di	Mi	Do	Fr	Sa	So
27			1	2	3	4	5
28	6	7	8	9	10	11	12
29	13	14	15	16	17	18	19
30	20	21	22	23	24	25	26
31	27	28	29	30	31		

August

	Mo	Di	Mi	Do	Fr	Sa	So
31						1	2
32	3	4	5	6	7	8	9
33	10	11	12	13	14	15	16
34	17	18	19	20	21	22	23
35	24	25	26	27	28	29	30
36	31						

September

	Mo	Di	Mi	Do	Fr	Sa	So
36		1	2	3	4	5	6
37	7	8	9	10	11	12	13
38	14	15	16	17	18	19	20
39	21	22	23	24	25	26	27
40	28	29	30				

Oktober

	Mo	Di	Mi	Do	Fr	Sa	So
40				1	2	3	4
41	5	6	7	8	9	10	11
42	12	13	14	15	16	17	18
43	19	20	21	22	23	24	25
44	26	27	28	29	30	31	

November

	Mo	Di	Mi	Do	Fr	Sa	So
44							1
45	2	3	4	5	6	7	8
46	9	10	11	12	13	14	15
47	16	17	18	19	20	21	22
48	23	24	25	26	27	28	29
49	30						

Dezember

	Mo	Di	Mi	Do	Fr	Sa	So
49		1	2	3	4	5	6
50	7	8	9	10	11	12	13
51	14	15	16	17	18	19	20
52	21	22	23	24	25	26	27
1	28	29	30	31			

Magische Grundlagen

An dieser Stelle möchte ich Dir gern das Wichtigste über Magie und Rituale mit auf den Weg geben. Denn dieser Kalender lebt von den zahlreichen Ritualen, die Du in Deinem Alltag ausprobieren und zelebrieren kannst.

Alles, was hier niedergeschrieben ist, entstammt weitestgehend der traditionellen Überlieferung. Vieles habe ich alten handschriftlichen Notizen entnommen, die von meiner Großmutter und Urgroßmutter stammen.

Ich selbst habe diese Rituale übernommen, an aktuelle Gegebenheiten angepasst und teilweise adaptiert, indem ich sie mit anderen Mythen kombiniert habe.

Nun darf ich Dir also mein Wissen und meine Erfahrungen nahebringen. Kombiniere das Ganze mit Deinen Wahrnehmungen und Ansichten.

Habe den Mut, verschiedene Elemente miteinander zu verweben. Ich versichere Dir, dass Du kein Unheil anrichten kannst. Sollte sich eine Kombination tatsächlich nicht vertragen, so passiert im schlimmsten Fall - nichts. Das Ritual hätte dann eventuell keinen Erfolg.

Aber bitte fürchte nicht, dass eventuell etwas ins Gegenteil umschlagen könnte oder Du womöglich für den Untergang der Welt verantwortlich wärst. All das kann nicht passieren, denn auch mit den gewaltigen Kräften der Magie, handeln wir stets immer im Rahmen unseres Schicksals.

Also probiere Dich aus, finde Deine eigenen Wege und erfreue Dich an der Spiritualität. In dieser darf nämlich jeder seinen individuellen Pfad finden.

Für ein Kerzen-Wunsch-Ritual gibt es eine Art Standard-Rezept, welches Du je nach Bedarf anpassen solltest. Im Folgenden findest Du die wichtigsten Zutaten.

1. Der richtige Zeitpunkt ist wichtig

- Wähle zunächst den passenden Mondstand:
  Möchtest Du etwas wachsen sehen → zunehmender Mond

- Möchtest Du etwas reduzieren → abnehmender Mond

- Willst Du etwas Neues anfangen → Neumond

- Braucht Dein Vorhaben besondere Energie, weil der Wunsch
  groß ist → Vollmond

- Wähle dann den passenden Wochentag:
  ☽ Montag – Mond – Intuition, Weiblichkeit
  ♂ Dienstag – Mars – Mut, Tatkraft
  ☿ Mittwoch – Merkur – Kommunikation
  ♃ Donnerstag – Jupiter – Finanzen, Beruf
  ♀ Freitag – Venus – Liebe, Selbstliebe
  ♄ Samstag – Saturn – Auflösung, Ende
  ☉ Sonntag – Sonne – Energie, Männlichkeit

2. Die geeignete Kerze ist entscheidend

- Verwende ausschließlich durchgefärbte Kerzen und wähle die
  Farbe entsprechend Deinem Wunsch:
  - Violett – Spiritualität
  - Rosa – Romantik, Venus
  - Rot – Liebe, Mut, Mars, Fruchtbarkeit
  - Orange – Ausdauer, Kreativität
  - Gelb/Gold – Energie, Sonne, Aktivität
  - Blau – Entspannung, Vitalität
  - Grün – Finanzen, Beruf, Jupiter
  - Weiß – Klärung, Reinigung
  - Grau/Silber – Mond, Gerechtigkeit
  - Braun – Kommunikation
  - Schwarz – Ende, Schutz, Saturn

3. Die Ausführung Deines Rituals

- Nimm Dir Zeit und gönne Dir Ruhe, schalte TV und Handy aus. Vermeide jegliche Art von Störung.

- Sammle Dich, formuliere Deinen Wunsch klar und deutlich. Je präziser Deine Worte sind, desto besser.

- Beschrifte die Kerze mit Symbolen, die zu Deinem Wunsch passen und Deinem Namen. Nutze Deinen Fingernagel oder einen Zahnstocher, keinesfalls ein Messer!

- Wenn Du möchtest, kannst Du die Kerze mit einem zu Deinem Wunsch passenden magischen Öl einreiben.

- Entzünde die Kerze und wende Dich an einen für Dich passenden Gott oder Göttin, an das Universum oder eine Energie, die Dir passend erscheint. Du kannst ein Gebet laut sprechen oder in Deinen Gedanken. Du kannst Dir auch einfach nur vorstellen, wie die Situation ist, wenn sich Dein Wunsch erfüllt hat.

- Die Kerze solltest Du möglichst ganz abbrennen lassen. Eventuelle Reste kannst Du entsorgen oder vergraben.

Ich wünsche Dir viel Erfolg bei Deinen Ritualen und eine erfüllende spirituelle Reise.

Über die Autorin

Die moderne Mystikerin Stefanie Gralewski wurde in eine Familie, die das Wissen und die Mythen weiser Frauen seit Generationen weitergibt, als sogenannte Erbhexe, hineingeboren.

Stefanie Gralewski vereint in ihrer Arbeit das Beste aus spiritueller Weisheit und moderner Coaching-Techniken, um ihren Klienten zu helfen, ihr volles Potenzial zu entfalten und ein erfülltes Leben zu führen. Ihr ist eine klare Beratung auf Augenhöhe wichtig, in der ihre Kunden über alle Themen sprechen dürfen. Stefanie Gralewski berät bodenständig und ehrlich. In ihren Sessions kombiniert sie Techniken des modernen Mentalcoachings mit traditionellen Orakeln und ihrer langjährigen Erfahrung, um ihren Klienten eine ganzheitliche und unterstützende Beratung zu bieten.

Seit 2006 ist sie professionell im spirituellen Bereich tätig und hat seither Menschen aus der ganzen Welt und allen Bevölkerungsschichten mit ihrer einfühlsamen Beratung unterstützt. Prominente, unter anderem aus den Bereichen Sport, Wirtschaft und Medien, vertrauen auf ihre liebevolle Beratung.

Seit 2010 ist Stefanie Gralewski auch im Fernsehen mit Beratungen präsent, wo sie ihre spirituelle Tätigkeit einem breiteren Publikum zugänglich macht. Neben ihrer spirituellen Ausbildung als Wicca Hohepriesterin, Runenmeisterin und Channelmedium hat sie auch zahlreiche weltliche Ausbildungen absolviert, darunter den NLP Advanced Master und den Master Coach.

Bei Questico ist Stefanie Gralewski bereits seit 2007 aktiv tätig. Sie hat sich dort durch ihre fachliche Kompetenz und einfühlsame Art einen Namen gemacht und wird seit 2019 dort als Premiumberaterin gelistet, was ihre herausragende Stellung in der spirituellen Beratung unterstreicht.

Nähere Informationen zu Stefanie Gralewski und ihrer Arbeit findest Du auf **www.stefaniegralewski.de** und bei Instagram unter **stefanie.gralewski.**

Weitere Publikationen von Stefanie Gralewski

„Die vielen Gesichter der Jungfrau Maria –
eine spirituell-historische Betrachtung"
(erschienen 2014)

Steffis Hexenkalender – Das Original – 2015 – 2025

Artikelreihe „Der magische Hexenkalender" in der Zeitschrift
„Zukunftsblick" Ausgabe 10/2015 – 12/2017

Artikelreihe „Medium und Mutter" in der Zeitschrift „Zukunftsblick"
Ausgabe 05/2016 – 05/2017

Fotokalender „Göttinnen der Welt" 2018
(erschienen 2017

Fotokalender „Göttinnen der Welt – Dark Edition" 2018
(erschienen 2017)